GRADE 4 DIVISION WORKBOOK:

QUICK STUDY FOR KIDS

Speedy Publishing LLC
40 E. Main St. #1156
Newark, DE 19711
www.speedypublishing.com

EXERCISE NO.: 1

Name:

1. $2{,}025 \div 135 =$

2. $1{,}360 \div 85 =$

3. $245 \div 35 =$

4. $1{,}064 \div 56 =$

5. $2{,}508 \div 132 =$

6. $1{,}156 \div 68 =$

7. $868 \div 62 =$

8. $414 \div 69 =$

9. $957 \div 87 =$

10. $889 \div 127 =$

EXERCISE NO.: 2

Name:

1. $265 \div 53 =$

2. $1,848 \div 88 =$

3. $420 \div 21 =$

4. $520 \div 104 =$

5. $360 \div 20 =$

6. $1,859 \div 143 =$

7. $1,568 \div 98 =$

8. $552 \div 46 =$

9. $1,080 \div 90 =$

10. $1,224 \div 72 =$

EXERCISE NO.:

3

Name:

1. $1{,}760 \div 80 =$

2. $2{,}000 \div 125 =$

3. $570 \div 57 =$

4. $792 \div 44 =$

5. $3{,}003 \div 143 =$

6. $1{,}188 \div 108 =$

7. $2{,}300 \div 115 =$

8. $351 \div 27 =$

9. $1{,}224 \div 72 =$

10. $1{,}278 \div 71 =$

EXERCISE NO.:

4

Name:

1. $900 \div 150 =$

2. $672 \div 48 =$

3. $2{,}220 \div 111 =$

4. $310 \div 62 =$

5. $1{,}577 \div 83 =$

6. $1{,}475 \div 59 =$

7. $1{,}904 \div 112 =$

8. $1{,}485 \div 99 =$

9. $2{,}363 \div 139 =$

10. $2{,}147 \div 113 =$

EXERCISE NO.:

5

Name:

1. $1{,}083 \div 57 =$

2. $896 \div 128 =$

3. $2{,}140 \div 107 =$

4. $640 \div 80 =$

5. $1{,}826 \div 83 =$

6. $703 \div 37 =$

7. $1{,}064 \div 56 =$

8. $1{,}079 \div 83 =$

9. $1{,}648 \div 103 =$

10. $990 \div 45 =$

EXERCISE NO.:

6

Name:

1. 544 ÷ 34 =

2. 2,057 ÷ 121 =

3. 2,982 ÷ 142 =

4. 2,208 ÷ 92 =

5. 2,552 ÷ 116 =

6. 360 ÷ 40 =

7. 324 ÷ 36 =

8. 855 ÷ 57 =

9. 640 ÷ 80 =

10. 1,368 ÷ 76 =

EXERCISE NO.:

7

Name:

1. $1{,}890 \div 105 =$

2. $1{,}860 \div 124 =$

3. $1{,}254 \div 66 =$

4. $357 \div 21 =$

5. $2{,}992 \div 136 =$

6. $2{,}002 \div 143 =$

7. $875 \div 35 =$

8. $760 \div 76 =$

9. $882 \div 63 =$

10. $2{,}952 \div 123 =$

EXERCISE NO.: 8

Name:

1. 1,022 ÷ 73 =

2. 1,545 ÷ 103 =

3. 1,067 ÷ 97 =

4. 286 ÷ 26 =

5. 1,577 ÷ 83 =

6. 1,484 ÷ 106 =

7. 598 ÷ 46 =

8. 400 ÷ 40 =

9. 741 ÷ 39 =

10. 1,218 ÷ 58 =

EXERCISE NO.: 9

Name:

1. 207 ÷ 23 =

2. 1,875 ÷ 125 =

3. 504 ÷ 21 =

4. 660 ÷ 33 =

5. 924 ÷ 132 =

6. 798 ÷ 42 =

7. 168 ÷ 28 =

8. 2,232 ÷ 124 =

9. 888 ÷ 111 =

10. 880 ÷ 110 =

EXERCISE NO.:

10

Name:

1. $406 \div 58 =$
2. $918 \div 54 =$
3. $480 \div 20 =$
4. $3{,}150 \div 126 =$
5. $1{,}152 \div 144 =$
6. $1{,}786 \div 94 =$
7. $672 \div 84 =$
8. $1{,}710 \div 95 =$
9. $1{,}573 \div 143 =$
10. $744 \div 62 =$

EXERCISE NO.: 11

Name:

1. $972 \div 54 =$

2. $855 \div 95 =$

3. $3{,}025 \div 121 =$

4. $792 \div 36 =$

5. $897 \div 69 =$

6. $1{,}518 \div 66 =$

7. $2{,}000 \div 80 =$

8. $1{,}350 \div 150 =$

9. $1{,}470 \div 147 =$

10. $2{,}679 \div 141 =$

EXERCISE NO.: 12

Name:

1. $1,900 \div 76 =$

2. $1,278 \div 142 =$

3. $380 \div 38 =$

4. $561 \div 51 =$

5. $700 \div 70 =$

6. $920 \div 46 =$

7. $1,353 \div 123 =$

8. $1,339 \div 103 =$

9. $1,632 \div 136 =$

10. $624 \div 48 =$

EXERCISE NO.:

13

Name:

1. $400 \div 80 =$
2. $705 \div 141 =$
3. $980 \div 70 =$
4. $1,575 \div 75 =$
5. $1,111 \div 101 =$
6. $2,465 \div 145 =$
7. $660 \div 60 =$
8. $1,080 \div 108 =$
9. $3,325 \div 133 =$
10. $1,380 \div 115 =$

EXERCISE NO.:

14

Name:

1. $282 \div 47 =$

2. $405 \div 45 =$

3. $1,180 \div 59 =$

4. $2,970 \div 135 =$

5. $820 \div 82 =$

6. $3,066 \div 146 =$

7. $1,078 \div 49 =$

8. $828 \div 92 =$

9. $1,130 \div 113 =$

10. $567 \div 81 =$

EXERCISE NO.:

15

Name:

1. $2{,}840 \div 142 =$

2. $1{,}110 \div 74 =$

3. $2{,}431 \div 143 =$

4. $945 \div 45 =$

5. $1{,}617 \div 77 =$

6. $704 \div 88 =$

7. $511 \div 73 =$

8. $1{,}350 \div 150 =$

9. $1{,}495 \div 65 =$

10. $372 \div 62 =$

EXERCISE NO.:

16

Name:

1. $784 \div 112 =$
2. $437 \div 23 =$
3. $301 \div 43 =$
4. $2{,}000 \div 100 =$
5. $441 \div 63 =$
6. $972 \div 54 =$
7. $1{,}260 \div 84 =$
8. $3{,}264 \div 136 =$
9. $2{,}086 \div 149 =$
10. $2{,}368 \div 148 =$

EXERCISE NO.:

17

Name:

1. $1{,}740 \div 116 =$

2. $756 \div 108 =$

3. $1{,}056 \div 44 =$

4. $1{,}515 \div 101 =$

5. $328 \div 41 =$

6. $288 \div 48 =$

7. $1{,}206 \div 134 =$

8. $1{,}260 \div 60 =$

9. $1{,}974 \div 141 =$

10. $288 \div 24 =$

EXERCISE NO.: **18**

Name:

1. $1{,}276 \div 58 =$

2. $946 \div 43 =$

3. $1{,}364 \div 62 =$

4. $2{,}662 \div 121 =$

5. $738 \div 82 =$

6. $624 \div 26 =$

7. $1{,}102 \div 58 =$

8. $1{,}144 \div 52 =$

9. $2{,}725 \div 109 =$

10. $621 \div 27 =$

EXERCISE NO.: 19

Name:

1. $535 \div 107 =$

2. $799 \div 47 =$

3. $616 \div 44 =$

4. $1{,}920 \div 96 =$

5. $920 \div 46 =$

6. $2{,}376 \div 132 =$

7. $204 \div 34 =$

8. $1{,}843 \div 97 =$

9. $969 \div 51 =$

10. $900 \div 50 =$

EXERCISE NO.: 20

Name:

1. $546 \div 91 =$

2. $510 \div 30 =$

3. $1,596 \div 133 =$

4. $1,179 \div 131 =$

5. $2,002 \div 143 =$

6. $1,326 \div 102 =$

7. $320 \div 64 =$

8. $1,343 \div 79 =$

9. $1,088 \div 136 =$

10. $2,025 \div 81 =$

EXERCISE NO.:

21

Name:

1. $2{,}436 \div 116 =$

6. $725 \div 145 =$

2. $820 \div 41 =$

7. $256 \div 32 =$

3. $2{,}662 \div 121 =$

8. $480 \div 32 =$

4. $765 \div 45 =$

9. $1{,}034 \div 47 =$

5. $330 \div 66 =$

10. $720 \div 144 =$

EXERCISE NO.: 22

Name:

1. $420 \div 28 =$

2. $377 \div 29 =$

3. $1{,}092 \div 78 =$

4. $1{,}034 \div 94 =$

5. $900 \div 100 =$

6. $680 \div 40 =$

7. $360 \div 30 =$

8. $750 \div 30 =$

9. $525 \div 25 =$

10. $2{,}552 \div 116 =$

EXERCISE NO.: 23

Name:

1. $1,168 \div 73 =$

2. $1,908 \div 106 =$

3. $2,438 \div 106 =$

4. $605 \div 55 =$

5. $1,152 \div 48 =$

6. $594 \div 27 =$

7. $1,400 \div 56 =$

8. $2,640 \div 110 =$

9. $513 \div 57 =$

10. $2,254 \div 98 =$

EXERCISE NO.:

24

Name:

1. $3,243 \div 141 =$

2. $748 \div 44 =$

3. $387 \div 43 =$

4. $680 \div 85 =$

5. $2,415 \div 105 =$

6. $1,843 \div 97 =$

7. $384 \div 64 =$

8. $760 \div 76 =$

9. $220 \div 20 =$

10. $328 \div 41 =$

EXERCISE NO.:

25

Name:

1. 1,491 ÷ 71 =

2. 2,480 ÷ 124 =

3. 1,340 ÷ 134 =

4. 931 ÷ 49 =

5. 636 ÷ 106 =

6. 2,040 ÷ 85 =

7. 2,420 ÷ 110 =

8. 2,684 ÷ 122 =

9. 1,474 ÷ 134 =

10. 861 ÷ 123 =

ANSWERS

1. 2,025 ÷ 135 = 15
2. 1,360 ÷ 85 = 16
3. 245 ÷ 35 = 7
4. 1,064 ÷ 56 = 19
5. 2,508 ÷ 132 = 19
6. 1,156 ÷ 68 = 17
7. 868 ÷ 62 = 14
8. 414 ÷ 69 = 6
9. 957 ÷ 87 = 11
10. 889 ÷ 127 = 7

1. 265 ÷ 53 = 5
2. 1,848 ÷ 88 = 21
3. 420 ÷ 21 = 20
4. 520 ÷ 104 = 5
5. 360 ÷ 20 = 18
6. 1,859 ÷ 143 = 13
7. 1,568 ÷ 98 = 16
8. 552 ÷ 46 = 12
9. 1,080 ÷ 90 = 12
10. 1,224 ÷ 72 = 17

1. 1,760 ÷ 80 = 22
2. 2,000 ÷ 125 = 16
3. 570 ÷ 57 = 10
4. 792 ÷ 44 = 18
5. 3,003 ÷ 143 = 21
6. 1,188 ÷ 108 = 11
7. 2,300 ÷ 115 = 20
8. 351 ÷ 27 = 13
9. 1,224 ÷ 72 = 17
10. 1,278 ÷ 71 = 18

1. 900 ÷ 150 = 6
2. 672 ÷ 48 = 14
3. 2,220 ÷ 111 = 20
4. 310 ÷ 62 = 5
5. 1,577 ÷ 83 = 19
6. 1,475 ÷ 59 = 25
7. 1,904 ÷ 112 = 17
8. 1,485 ÷ 99 = 15
9. 2,363 ÷ 139 = 17
10. 2,147 ÷ 113 = 19

1. 1,083 ÷ 57 = 19
2. 896 ÷ 128 = 7
3. 2,140 ÷ 107 = 20
4. 640 ÷ 80 = 8
5. 1,826 ÷ 83 = 22
6. 703 ÷ 37 = 19
7. 1,064 ÷ 56 = 19
8. 1,079 ÷ 83 = 13
9. 1,648 ÷ 103 = 16
10. 990 ÷ 45 = 22

1. 544 ÷ 34 = 16
2. 2,057 ÷ 121 = 17
3. 2,982 ÷ 142 = 21
4. 2,208 ÷ 92 = 24
5. 2,552 ÷ 116 = 22
6. 360 ÷ 40 = 9
7. 324 ÷ 36 = 9
8. 855 ÷ 57 = 15
9. 640 ÷ 80 = 8
10. 1,368 ÷ 76 = 18

ANSWERS

1. 1,890 ÷ 105 = 18
2. 1,860 ÷ 124 = 15
3. 1,254 ÷ 66 = 19
4. 357 ÷ 21 = 17
5. 2,992 ÷ 136 = 22
6. 2,002 ÷ 143 = 14
7. 875 ÷ 35 = 25
8. 760 ÷ 76 = 10
9. 882 ÷ 63 = 14
10. 2,952 ÷ 123 = 24

1. 1,022 ÷ 73 = 14
2. 1,545 ÷ 103 = 15
3. 1,067 ÷ 97 = 11
4. 286 ÷ 26 = 11
5. 1,577 ÷ 83 = 19
6. 1,484 ÷ 106 = 14
7. 598 ÷ 46 = 13
8. 400 ÷ 40 = 10
9. 741 ÷ 39 = 19
10. 1,218 ÷ 58 = 21

1. 207 ÷ 23 = 9
2. 1,875 ÷ 125 = 15
3. 504 ÷ 21 = 24
4. 660 ÷ 33 = 20
5. 924 ÷ 132 = 7
6. 798 ÷ 42 = 19
7. 168 ÷ 28 = 6
8. 2,232 ÷ 124 = 18
9. 888 ÷ 111 = 8
10. 880 ÷ 110 = 8

1. 406 ÷ 58 = 7
2. 918 ÷ 54 = 17
3. 480 ÷ 20 = 24
4. 3,150 ÷ 126 = 25
5. 1,152 ÷ 144 = 8
6. 1,786 ÷ 94 = 19
7. 672 ÷ 84 = 8
8. 1,710 ÷ 95 = 18
9. 1,573 ÷ 143 = 11
10. 744 ÷ 62 = 12

1. 972 ÷ 54 = 18
2. 855 ÷ 95 = 9
3. 3,025 ÷ 121 = 25
4. 792 ÷ 36 = 22
5. 897 ÷ 69 = 13
6. 1,518 ÷ 66 = 23
7. 2,000 ÷ 80 = 25
8. 1,350 ÷ 150 = 9
9. 1,470 ÷ 147 = 10
10. 2,679 ÷ 141 = 19

1. 1,900 ÷ 76 = 25
2. 1,278 ÷ 142 = 9
3. 380 ÷ 38 = 10
4. 561 ÷ 51 = 11
5. 700 ÷ 70 = 10
6. 920 ÷ 46 = 20
7. 1,353 ÷ 123 = 11
8. 1,339 ÷ 103 = 13
9. 1,632 ÷ 136 = 12
10. 624 ÷ 48 = 13

ANSWERS

1. 400 ÷ 80 = 5
2. 705 ÷ 141 = 5
3. 980 ÷ 70 = 14
4. 1,575 ÷ 75 = 21
5. 1,111 ÷ 101 = 11
6. 2,465 ÷ 145 = 17
7. 660 ÷ 60 = 11
8. 1,080 ÷ 108 = 10
9. 3,325 ÷ 133 = 25
10. 1,380 ÷ 115 = 12

1. 282 ÷ 47 = 6
2. 405 ÷ 45 = 9
3. 1,180 ÷ 59 = 20
4. 2,970 ÷ 135 = 22
5. 820 ÷ 82 = 10
6. 3,066 ÷ 146 = 21
7. 1,078 ÷ 49 = 22
8. 828 ÷ 92 = 9
9. 1,130 ÷ 113 = 10
10. 567 ÷ 81 = 7

1. 2,840 ÷ 142 = 20
2. 1,110 ÷ 74 = 15
3. 2,431 ÷ 143 = 17
4. 945 ÷ 45 = 21
5. 1,617 ÷ 77 = 21
6. 704 ÷ 88 = 8
7. 511 ÷ 73 = 7
8. 1,350 ÷ 150 = 9
9. 1,495 ÷ 65 = 23
10. 372 ÷ 62 = 6

1. 784 ÷ 112 = 7
2. 437 ÷ 23 = 19
3. 301 ÷ 43 = 7
4. 2,000 ÷ 100 = 20
5. 441 ÷ 63 = 7
6. 972 ÷ 54 = 18
7. 1,260 ÷ 84 = 15
8. 3,264 ÷ 136 = 24
9. 2,086 ÷ 149 = 14
10. 2,368 ÷ 148 = 16

1. 1,740 ÷ 116 = 15
2. 756 ÷ 108 = 7
3. 1,056 ÷ 44 = 24
4. 1,515 ÷ 101 = 15
5. 328 ÷ 41 = 8
6. 288 ÷ 48 = 6
7. 1,206 ÷ 134 = 9
8. 1,260 ÷ 60 = 21
9. 1,974 ÷ 141 = 14
10. 288 ÷ 24 = 12

1. 1,276 ÷ 58 = 22
2. 946 ÷ 43 = 22
3. 1,364 ÷ 62 = 22
4. 2,662 ÷ 121 = 22
5. 738 ÷ 82 = 9
6. 624 ÷ 26 = 24
7. 1,102 ÷ 58 = 19
8. 1,144 ÷ 52 = 22
9. 2,725 ÷ 109 = 25
10. 621 ÷ 27 = 23

ANSWERS

1. 535 ÷ 107 = 5
2. 799 ÷ 47 = 17
3. 616 ÷ 44 = 14
4. 1,920 ÷ 96 = 20
5. 920 ÷ 46 = 20
6. 2,376 ÷ 132 = 18
7. 204 ÷ 34 = 6
8. 1,843 ÷ 97 = 19
9. 969 ÷ 51 = 19
10. 900 ÷ 50 = 18

1. 546 ÷ 91 = 6
2. 510 ÷ 30 = 17
3. 1,596 ÷ 133 = 12
4. 1,179 ÷ 131 = 9
5. 2,002 ÷ 143 = 14
6. 1,326 ÷ 102 = 13
7. 320 ÷ 64 = 5
8. 1,343 ÷ 79 = 17
9. 1,088 ÷ 136 = 8
10. 2,025 ÷ 81 = 25

1. 2,436 ÷ 116 = 21
2. 820 ÷ 41 = 20
3. 2,662 ÷ 121 = 22
4. 765 ÷ 45 = 17
5. 330 ÷ 66 = 5
6. 725 ÷ 145 = 5
7. 256 ÷ 32 = 8
8. 480 ÷ 32 = 15
9. 1,034 ÷ 47 = 22
10. 720 ÷ 144 = 5

1. 420 ÷ 28 = 15
2. 377 ÷ 29 = 13
3. 1,092 ÷ 78 = 14
4. 1,034 ÷ 94 = 11
5. 900 ÷ 100 = 9
6. 680 ÷ 40 = 17
7. 360 ÷ 30 = 12
8. 750 ÷ 30 = 25
9. 525 ÷ 25 = 21
10. 2,552 ÷ 116 = 22

1. 1,168 ÷ 73 = 16
2. 1,908 ÷ 106 = 18
3. 2,438 ÷ 106 = 23
4. 605 ÷ 55 = 11
5. 1,152 ÷ 48 = 24
6. 594 ÷ 27 = 22
7. 1,400 ÷ 56 = 25
8. 2,640 ÷ 110 = 24
9. 513 ÷ 57 = 9
10. 2,254 ÷ 98 = 23

1. 3,243 ÷ 141 = 23
2. 748 ÷ 44 = 17
3. 387 ÷ 43 = 9
4. 680 ÷ 85 = 8
5. 2,415 ÷ 105 = 23
6. 1,843 ÷ 97 = 19
7. 384 ÷ 64 = 6
8. 760 ÷ 76 = 10
9. 220 ÷ 20 = 11
10. 328 ÷ 41 = 8

1. 1,491 ÷ 71 = 21
2. 2,480 ÷ 124 = 20
3. 1,340 ÷ 134 = 10
4. 931 ÷ 49 = 19
5. 636 ÷ 106 = 6
6. 2,040 ÷ 85 = 24
7. 2,420 ÷ 110 = 22
8. 2,684 ÷ 122 = 22
9. 1,474 ÷ 134 = 11
10. 861 ÷ 123 = 7

www.ingramcontent.com/pod-product-compliance
Lightning Source LLC
LaVergne TN
LVHW060833170826
845678LV00010B/1971

* 9 7 9 8 8 6 9 4 5 3 6 8 6 *